ON SE RÉGALE AVEC

ARNAUD DELVENNE

89, avenue Charles de Gaulle
92200 Neuilly-sur-Seine

118, avenue Achille-Peretti CS 70024
92521 Neuilly-sur-Seine Cedex
www.michel-lafon.com

ON SE RÉGALE AVEC
ARNAUD DELVENNE

Michel Lafon
M6

PRÉFACE

Arnaud, garçon singulier et touchant, d'une vivacité d'esprit hors norme, cultive la bonhomie et l'humour d'une main de maître. J'ai eu la chance de rencontrer ce garçon, cet homme, ce boute-en-train, toujours d'humeur égale, toujours souriant.

L'homme étant ce qu'il est, parlons un peu du cuisinier...

Talent caché ou inavoué, Arnaud a l'intelligence et l'esprit qui vont le propulser en haut de ses propres envies. Sa cuisine, loin d'être simple, est colorée, vivante et vécue.

Si j'ai pu apporter à Arnaud, il m'a apporté tout autant.

Glenn Viel

LA PLAYLIST DU CHEF

Pour moi, cuisine rime avec musique. D'abord parce que, comme une mélodie, un plat a un tempo avec ses notes d'agrumes ou d'épices qui s'organisent telle une partition qui révèle une harmonie de saveurs. Les recettes sont des partitions qui créent une apothéose pour les papilles. Dans le fond, cuisiner c'est composer… Et comme tout artiste, j'aime combiner les médiums : je cuisine donc en musique. Et quel plaisir ! J'avais envie de partager avec vous ma playlist, pour faire résonner dans vos cuisines un peu de cette gaieté, que je trouve toujours très inspirante. Place au rythme…

madison
POWER
ON
OFF
USB
BT LED
HEADPHONES
TREBLE
BASS
VOLUME
INPUT
CD
BT
USB
DVD
MIN
MAX
MAD-TA10BT

SOMMAIRE

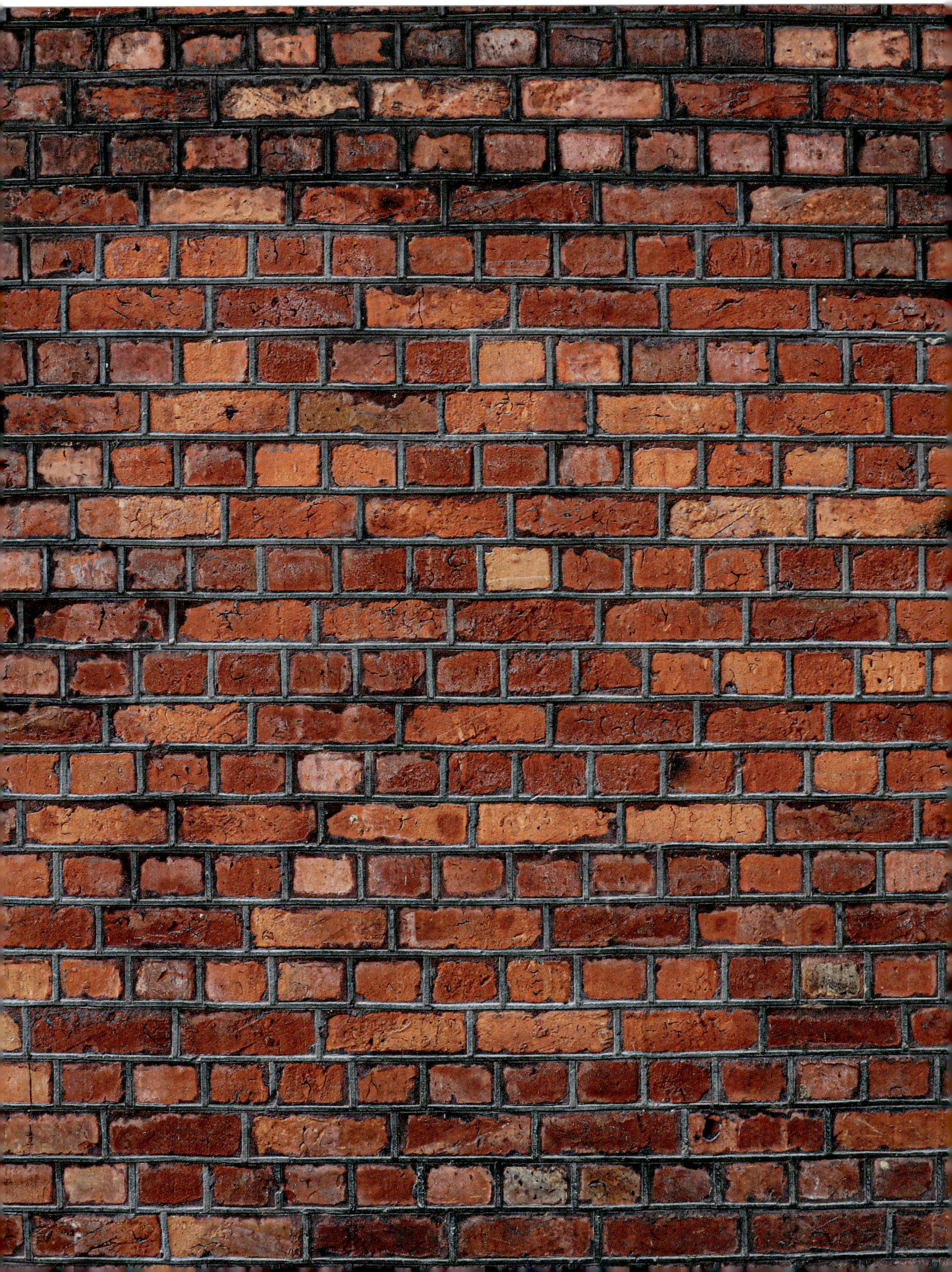

SOMMAIRE

ENVIES DE VOYAGE

DE RETOUR EN BELGIQUE

PUFF PUFF

« LA BONNE CUISINE EST HONNÊTE, SINCÈRE ET SIMPLE. »

ARNAUD DELVENNE

Si j'ai toujours été bleu de la cuisine, ça ne veut pas dire que j'ai emprunté la voie facile. Déjà, je n'avais pas vraiment le goût de l'école. J'étais un gamin un peu difficile, du genre turbulent qui joue avec les pieds de ses professeurs. C'est en me faisant mettre dehors que j'ai pu ensuite me présenter en école hôtelière. Cocasse n'est-ce pas ? Il faut croire que dès le départ, j'ai fait les choses à ma façon, en dehors des clous. Et pas ceux de girofle ! Donc on peut dire que je reviens de loin… J'étais loin d'imaginer que je participerais à *Top Chef* et c'est une grande fierté pour moi de me trouver là où je suis aujourd'hui. Il faut dire qu'au-delà de mon parcours atypique, ce n'est pas souvent que l'on voit un chef homosexuel *out* en cuisine. On le sait, la restauration est un milieu d'hommes, un peu vieille école parfois, alors j'ai eu droit à mon lot de critiques pas faciles à entendre. Mais ça ne m'a jamais découragé ni empêché d'aller de l'avant. Si, oui, je suis homosexuel et aussi très engagé sur la question du don du sang en Belgique – qui a plus de retard sur le sujet que la France –, je ne me limite pas à cette étiquette. Je suis bien plus que cela. Je plaisante souvent sur le fait que, pour moi, un vrai chef doit être carrément tentaculaire et savoir multiplier les casquettes, qu'il lui faudrait même plusieurs paires de bras pour réussir à rester versatile… Moi, par exemple, je me sens aussi bien en cuisine qu'en salle ou au téléphone. J'ai subi suffisamment de discriminations pour savoir que ce qui fait un bon cuisinier, c'est l'entraide et le désir profond de partager. C'est en restant au contact des autres que l'on devient un bon chef et en multipliant les expériences !

Avant mon passage dans *Top Chef* et l'ouverture de mon restau, Nono, j'ai touché à beaucoup de choses… J'ai commencé comme serveur, bossé dans un fastfood et j'ai même été cuisinier de prison. J'ai aussi fait des choses qui n'ont rien à voir avec comme agent pénitentiaire. Mais quoi qu'il soit arrivé, j'en suis toujours revenu à mon premier amour : la cuisine. Ce qui prouve bien que l'on n'est pas obligé d'être premier de la classe pour s'en sortir. Je suis même d'avis que toute expérience est bonne à prendre et qu'il y a toujours quelque chose à apprendre, surtout quand on y met du cœur. Pour moi, il est même surtout question de ça : donner de soi. Dans le fond, avec ce livre, j'apporte autant un aperçu de mon histoire et de qui je suis, que de ma cuisine. Mes recettes me ressemblent et viennent tout droit de

«Je suis même d'avis que toute expérience est bonne à prendre et qu'il y a toujours quelque chose à apprendre, surtout quand on y met du cœur.»

MON HISTOIRE

mes expériences. Il y a un peu de ma maman, de Liège – aussi ardentes l'une que l'autre – et de mes bizarreries à moi. Elles sont toutes inspirées de mes proches, de mon vécu et des endroits dans lesquels j'ai évolué. Il faut les voir comme mes petites gaufres de Proust, des souvenirs gourmands que je continue de faire vivre et de partager dans mon restaurant. Et comme moi, mes recettes se veulent sincères et généreuses. Et bien sûr, même les plus traditionnelles sont revisitées pour avoir un côté funky ! Mais pas seulement, je veux aussi que ma cuisine reste light et diététique. Depuis l'émission, ce n'est plus un secret pour personne, j'ai perdu cinquante kilos pendant l'année 2021. Avant cela, je je pesais pas loin de cent quinze kilos… Je sais que pour certains, cela peut sembler dur à croire, mais comme dit le dicton : les cordonniers sont souvent les plus mal chaussés. Aujourd'hui, je sais que l'on peut proposer une cuisine équilibrée qui puisse rester aussi gourmande que généreuse, et il ne s'agit

« J'AI TOUJOURS EU LA CONVICTION QUE SI JE METTAIS TOUT MON CŒUR DANS MA CUISINE, LES GENS FINIRAIENT PAR ÊTRE TOUCHÉS. »

ni de se priver ni de se rendre malade… Avec ce livre, je veux que la nourriture puisse être au cœur de moments de partage et de bonheur tout en permettant à chacun de se sentir bien avec ce qui se trouve dans son assiette.

J'ai toujours eu la conviction que si je mettais tout mon cœur dans ma cuisine, les gens finiraient par être touchés. Qu'en partageant pas à pas des recettes appétissantes, originales, saines et faciles à réaliser, je pouvais apporter quelque chose de frais et de sincère à la gastronomie franco-belge ! Et avec ce livre, j'ai vraiment eu envie de surprendre les papilles et de revisiter des classiques pour partager mes secrets et donner envie aux gens de cuisiner.

LE PETIT BISOU

La cuisine, c'est une affaire d'amour. J'aime me laisser séduire par une texture, une odeur, un goût ou une combinaison de saveurs qui attirent mon attention, et partir de cette première sensation. J'aime me faire surprendre par une sensation de croquant, le retour d'une épice ou un parfum qui se révèle à la fin d'une bouchée. Cette petite apothéose, c'est mon petit bisou à moi. C'est l'inattendu qui ressort dans un plat, précisément là où on ne l'y attendait pas. Parce que finalement, on ne m'attendait pas non plus là où je me trouve aujourd'hui.

Le petit bisou, c'est aussi un hommage à ma maman. Avec mon histoire, on ne peut pas vraiment dire que j'ai grandi au milieu des repas de famille et des grandes tablées. Il n'empêche que je la garde précieusement dans mon cœur et qu'elle m'inspire dans tout ce que je fais. C'est très important pour moi de faire passer une émotion dans un plat et le petit bisou c'est exactement ça : de la surprise, du plaisir, de la joie ou même de la nostalgie, voire tout cela à la fois, grâce à une touche particulière que j'ajoute à mes recettes.

Je pense que c'est avec tout cela que je parviens à transmettre mon goût pour la cuisine et à susciter des émotions chez les gens. On entend souvent dans les grandes cuisines qu'il faut faire preuve de beaucoup de rigueur et de maîtrise, que l'on n'a pas droit à l'erreur, que tout doit être « parfait », qu'il y a peu de place pour l'inattendu. Je l'ai compris, parfois à mes dépens. Mais pour moi, l'excellence et la surprise sont deux choses qui peuvent faire des merveilles ensemble quand elles sont justement dosées. Le secret, ce n'est pas de faire une grosse bise collante qui déborde un peu trop de bons sentiments, mais un petit bisou qu'on n'attendait pas, et qui réchauffe le cœur.

LIÈGE, L'AMOUR ARDENT

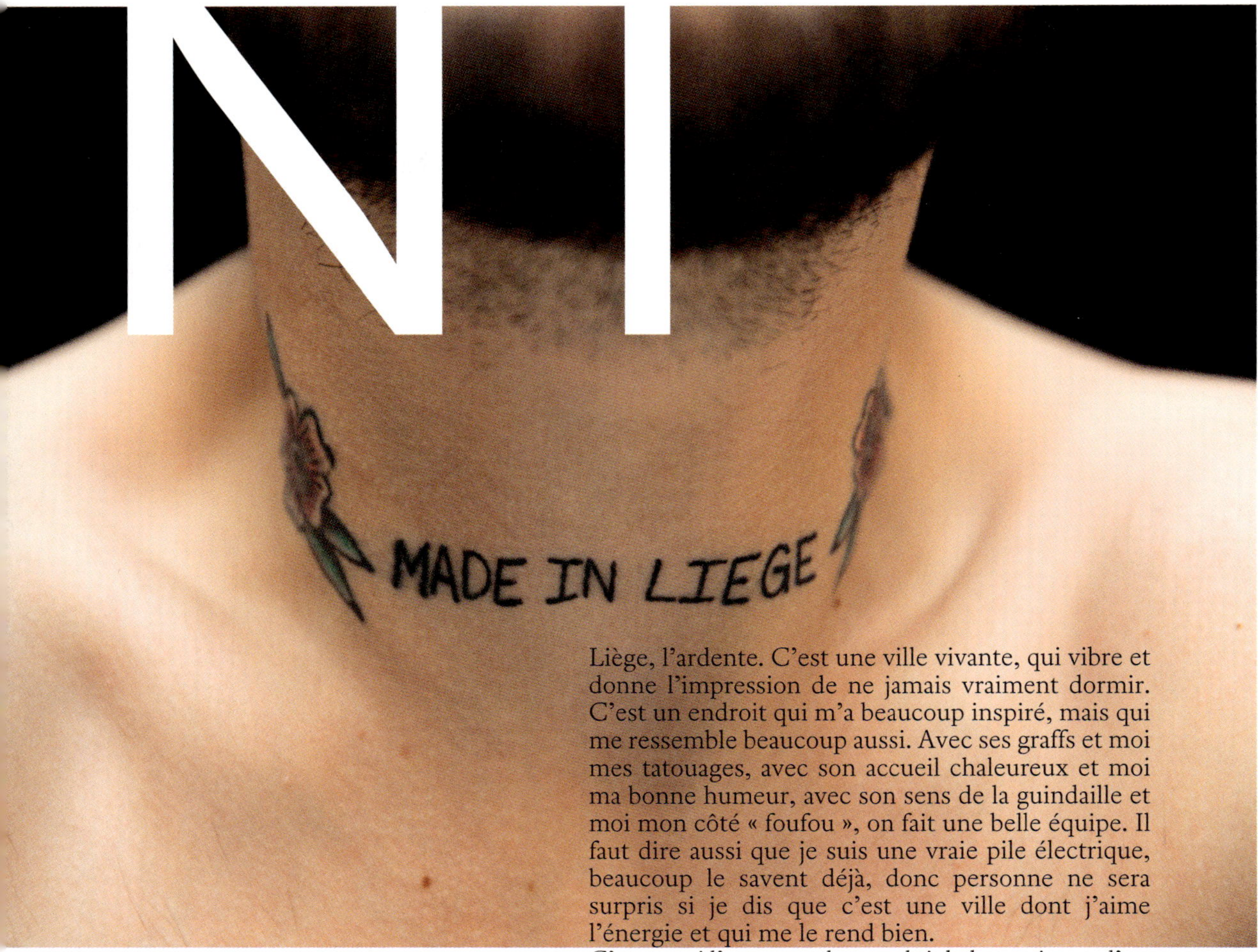

Liège, l'ardente. C'est une ville vivante, qui vibre et donne l'impression de ne jamais vraiment dormir. C'est un endroit qui m'a beaucoup inspiré, mais qui me ressemble beaucoup aussi. Avec ses graffs et moi mes tatouages, avec son accueil chaleureux et moi ma bonne humeur, avec son sens de la guindaille et moi mon côté « foufou », on fait une belle équipe. Il faut dire aussi que je suis une vraie pile électrique, beaucoup le savent déjà, donc personne ne sera surpris si je dis que c'est une ville dont j'aime l'énergie et qui me le rend bien.

C'est aussi l'amour ardent, celui de la passion… d'un foyer qui ne s'éteint jamais et qui réchauffe tous les cœurs : et les papilles ! Il faut le dire, Liège a une gastronomie riche que l'on retrouve beaucoup dans ma cuisine et que je prends énormément de plaisir à revisiter. Je suis très fier de pouvoir la faire découvrir aux personnes qui me suivent et qui n'ont peut-être pas encore eu l'occasion de la goûter. Mais il n'y a pas qu'à Liège, dans toute la Belgique il y a beaucoup de supers plats. Ce que je veux faire avec ce livre finalement, c'est mettre entre les mains de tout le monde de belles invitations au voyage. Maintenant que j'y réfléchis, il y a peut-être aussi un côté faire-part… Quoi qu'il en soit, je suis sûr que ça vaut la peine d'y prendre part !

SOTT
LIEGE

Le Safran de Cotchia
Vinaigre/Azijn
Balsamique
Hibiscus
Safran
200ml
Pastis
Ardent
45
50

BISTER
MADE IN BELGIUM
L'IMPÉRIALE
Moutarde - Mosterd
VOS TARTINES...
VRAI SIROP DE LIEGE
...UN DÉLICE!
avec 400 g de fruits pour 100 g

olio
OCCHIOLINO
ACETAIA DODI
1891
Riserva di Famiglia
CONTENUTO: 100 ml e
TERRE BORMANE

ANTICA
ACETAIA
DODI
Saba
mosto d'uva cotto
250 ml ℮ 8,45 fl oz
COLATURA DI ALICI
100 ml
ACETO DI VINO DA BAROLO
CESARE GIACCONE

LE PREMIER BONHEUR DU JOUR

1

Le déjeuner, c'est le premier moment de la journée. Le passer à partager une recette avec ceux que tu aimes, c'est le meilleur moyen de la rendre spéciale et de bien la démarrer. Mais ce n'est pas toujours évident de trouver la bonne idée, ou de savoir comment s'y prendre… Alors voici mes petites recettes à moi pour mettre de la bonne humeur dans tes matins.

L'odeur du café,
Des matins enfarinés,
Où les petites mains travaillent,
Pour un moment de partage.

PAIN PERDU, CARAMEL AU BEURRE SALÉ

4p
Faible
Facile
20 min
20 min
10 min

INGRÉDIENTS

Les restes de pain, brioche…
4 œufs entiers
500 ml de lait entier
1 gousse de vanille
80 g de sucre fin
1 noisette de beurre (pour la cuisson du pain perdu)

Pour le caramel beurre salé :

320 g de crème liquide
2 gousses de vanille
100 ml d'eau
400 g de sucre fin
200 g de glucose
80 g de beurre salé
2 g de fleur de sel

POUR LE PAIN

1

Cassez les œufs dans un saladier, ajoutez le sucre et la vanille fendue et grattée. Faites blanchir le mélange en fouettant vigoureusement. Ajoutez le lait. Mélangez.

2

Trempez chaque morceau de pain dans cette préparation. Réservez-les sur un plat.

3

Dans une poêle chaude, faites fondre une noisette de beurre et faites cuire chaque tranche de pain des deux côtés jusqu'à obtention d'une jolie couleur dorée. Réservez au chaud pour le service.

POUR LE CARAMEL

1

Faites chauffer le sucre, le glucose et l'eau dans un poêlon à fond épais. Laissez caraméliser.

2

Faites chauffer la crème et la la vanille fendue et grattée, laissez infuser un quart d'heure.

3

Hors du feu, ajoutez cette crème au caramel du poêlon, en trois fois. Toujours hors du feu, ajoutez le beurre et la fleur de sel.

4

Servez en saucière en accompagnement de vos pains perdus.

CAKE AU CITRON FRAIS ET AU LIMONCELLO

4 p
Moyen
Facile
20 min
25 min

INGRÉDIENTS

Pour un moule de 25 cm

250 g de beurre
180 g de sucre
4 œufs
250 g de farine
22 g de levure chimique
6 citrons (zestes)
10 cl de limoncello

1

Rassemblez les jaunes d'œufs et le sucre dans la cuve d'un batteur. Faites-les blanchir durant 5 minutes.

2

Ajoutez la farine et la levure. Poursuivez le blanchissement 5 minutes de plus.

3

Réalisez un beurre noisette. Coupez le beurre en morceaux (pensez à en garder un peu pour beurrer le moule). Mettez-le à chauffer à feu doux dans une casserole à fond épais. Quand il commence à mousser, remuez avec une cuillère en bois, et quand il commence à brunir et à dégager une légère odeur de noisette, votre beurre est prêt. Incorporez-le au mélange de la cuve.

4

Ajoutez le limoncello.

5

Montez les blancs en neige et ajoutez-les délicatement à la préparation. Zestez finement les citrons et intégrez-les à l'ensemble.

6

Beurrez et farinez un moule. Coulez-y la pâte à cake. Enfournez à 160 °C pour 25 minutes environ. Laissez refroidir avant de démouler.

QUICHE AU FROMAGE DE HERVE, OIGNONS ROUGES ET SIROP DE LIÈGE

4 p
Moyen
Facile
25 min
40 min

INGRÉDIENTS

1 rouleau de pâte feuilletée
4 pommes de terre type Bintje
2 gros oignons rouges
1 fromage de Herve piquant
1 brin de romarin
Poivre du moulin
50 g de sirop de Liège

1

Abaissez le rouleau de pâte dans un moule à tarte.

2

Couvrez le fond de pâte avec le sirop de Liège.

3

Épluchez les oignons et les pommes de terre, puis tranchez-les finement à la mandoline.

4

Disposez les pommes de terre en rosace sur le fond de tarte, puis les oignons.

5

Coupez le fromage en tranches épaisses et recouvrez-en les oignons.

6

Poivrez à votre convenance et effeuillez le romarin.

7

Enfournez à 150 °C durant 40 minutes environ.

Servez tiède avec une laitue à la vinaigrette moutardée.

LA VIE EST BELLE EN FAMILLE

2

Pour moi, partager un repas c'est créer des souvenirs. C'est peut-être même l'occasion de faire naître pour quelqu'un un *core memory*, cette émotion pure vouée à nous suivre jusqu'à la fin de nos jours, comme une madeleine de Proust. Avec ces recettes, je te propose de faire remonter à la surface tes souvenirs d'enfance de grandes tablées joyeuses et bruyantes ou te donner l'occasion de t'en créer de nouveaux.

Derrière les fourneaux monte
une chaleur ardente,
Qui dans une embrassade tendre,
Me ramène vers ma Liège,
Et le souvenir de ma mère.

SALADE CAESAR

4 p
Moyen
Facile
35 min
50 min

INGRÉDIENTS

4 filets de poulet jaune
100 g de parmesan entier
1 gros oignon rouge
2 belles salades romaines
2 œufs
1 botte de ciboulette
8 filets d'anchois
2 tranches épaisses de pain de campagne
Tomates cerises
1 branche d'origan frais
Sel, poivre du moulin

Pour la sauce

50 g de mayonnaise
10 cl de lait
3 cl de sauce anglaise
1 cuillère à soupe de moutarde en grains
50 g de parmesan fraîchement râpé

1

Dans une poêle chaude, versez un filet d'huile et poêlez les filets de poulet sur les deux faces. Terminez la cuisson dans un four à 60 °C durant 40 minutes environ.

2

Faites durcir les œufs 9 minutes à compter de l'ébullition.
Puis refroidissez-les et écalez-les.
Taillez des croûtons dans le pain de campagne.

3

Ciselez la ciboulette finement. Lavez et effeuillez la salade.
Coupez l'oignon en tranches minces à l'aide d'une mandoline.
Coupez le parmesan en copeaux.

POUR LA SAUCE

1

Dans la cuve d'un mixeur, rassemblez la mayonnaise, le lait, la sauce anglaise, la moutarde et le parmesan râpé jusqu'à obtenir une crème lisse.

2

Réservez pour le dressage.

DRESSAGE

1

Dans un saladier, assaisonnez la salade avec 2 cuillères à soupe de sauce. Salez, poivrez.
Servez à l'assiette. Placez la salade dans le fond d'une assiette creuse.

2

Tranchez les blancs de volaille et déposez-les sur le lit de salade.
Ajoutez les tranches d'oignons, les anchois, les tomates cerises, les croûtons, les œufs, l'ail, les copeaux de parmesan, les câpres et la ciboulette, salez et poivrez. Effeuillez l'origan frais et déposez le sur la salade.

ŒUFS MAYO

4 p
Faible
Facile
20 min
9 min

INGRÉDIENTS

8 œufs
Mayonnaise
2 tranches de pain rassis
4 cœurs de laitue
ou de sucrine
Quelques feuilles
d'estragon
Quelques brins
de ciboulette
Sel, poivre du moulin

1

Faites durcir les œufs 9 minutes à compter de l'ébullition, puis écalez-les et coupez-les en deux.

2

Enlevez les jaunes que vous mélangez à la mayonnaise.

3

Hachez l'estragon et la ciboulette et ajoutez-les à la mayonnaise.

4

Préparez des croûtons réguliers.

5

Disposez les œufs sur des cœurs de laitue, dispersez les croûtons.

6

Versez la mayonnaise aux herbes.

7

Salez et poivrez généreusement.

BISTER
L'IMPÉRIALE
Moutarde - Mosterd

FORVM

4 p

Faible

Facile

5 min

MAYONNAISE MAISON

INGRÉDIENTS

Pour un bol de mayonnaise :

1 jaune d'œuf
1 cuillère à soupe de moutarde
1 cuillère à café de vinaigre d'alcool
250 ml d'huile de tournesol
1 pincée de fleur de sel

1

Mettez le jaune d'œuf, la moutarde, le sel et le vinaigre dans un cul-de-poule.

2

Fouettez et ajoutez l'huile petit à petit, en un fin filet.

3

Ajustez l'assaisonnement.

RÔTI DU DIMANCHE DE MA MAMAN

4p
Moyen
Facile
15 min
45 min

INGRÉDIENTS

1 beau rôti de porc de 800 g environ
2 têtes d'ail
2 branches de romarin
Sauge
Thym
Huile d'olive
Sel, poivre du moulin

1

Piquez des gousses d'ail dans votre rôti à l'aide d'un couteau pointu. Soyez généreux ! Ficelez le rôti. Salez et poivrez.

2

Marquez le rôti sur toutes ses faces dans une poêle, avec un filet d'huile d'olive.

3

Placez le rôti dans un plat allant au four. Recouvrez-le de sauge et de thym.

4

Enfournez le rôti, sondé à 70 °C, dans un four à 140 °C pendant 45 minutes.

5

Le rôti une fois sorti du four, laissez-le reposer emballé dans de l'aluminium ménager 20 minutes avant de le découper.

HACHIS PARMENTIER DE BONNE-MAMAN

4 p
Faible
Facile
25 min
1 h

INGRÉDIENTS

600 g de hachis de porc de campagne
1 kg de pommes de terre à purée
2 oignons
30 cl de lait entier
80 g de beurre
Chapelure
Noix de muscade moulue
Sel, poivre du moulin

1

Épluchez les pommes de terre, lavez-les et coupez-les en gros cubes. Mettez-les à cuire 25 minutes dans une grande casserole d'eau salée.

2

Faites chauffer le lait.

3

Égouttez les pommes de terre, puis passez-les, encore chaudes, au moulin à légumes.

4

Versez le lait, ajoutez 30 g de beurre, salez, poivrez, saupoudrez de noix de muscade et mélangez bien.

5

Épluchez et hachez finement les oignons.

6

Dans une poêle, faites fondre 30 g de beurre pour y faire revenir les oignons durant 5 minutes.

7

Ajoutez la viande hachée. Salez et poivrez. Laissez cuire 10 minutes à feu moyen tout en remuant régulièrement.

8

Préchauffez le four à 210 °C. Déposez la viande dans un plat à gratin préalablement beurré. Disposez la purée par-dessus.

9

Saupoudrez de chapelure, de petits morceaux de beurre et faites gratiner au four pendant 15 minutes.

POULET RÔTI DU DIMANCHE

4 p
Moyen
Facile
10 min
50 min

INGRÉDIENTS

1 poulet de 1,2 kg minimum
1 kg de pommes de terre grenaille
2 têtes d'ail
200 ml de bouillon de volaille
1 bouquet de sauge
2 branches de romarin
2 branches de thym
Huile d'olive
Piment d'Espelette
Sel, poivre du moulin

1

Lavez et essuyez les pommes de terre grenaille.

2

Placez le poulet dans un plat à four avec les pommes de terre disposées tout autour.

3

Huilez le poulet et assaisonnez-le de sel, poivre et piment d'Espelette.

4

Versez le bouillon dans le fond du plat.

5

Ajoutez le romarin, le thym et la sauge, et les têtes d'ail simplement coupées en deux.

6

Enfournez à 140 °C durant 50 minutes.

GRATIN DE COQUILLETTES

4p

Moyen

Facile

10 min

30 + 10 min

INGRÉDIENTS

500 g de coquillettes
200 g de jambon à l'os
200 g de comté râpé
500 ml de lait
30 g de farine
30 g de beurre
Sel fin, poivre du moulin

1

Faites chauffer l'eau pour les coquillettes et menez-les à l'ébullition suivant les indications du paquet.

2

Dans un poêlon, mettez le beurre à fondre, ajoutez la farine, versez le lait en fouettant vigoureusement. Laissez épaissir la sauce en remuant régulièrement. Salez et poivrez.

3

Coupez finement le jambon. Ajoutez-le à la béchamel ainsi que le comté râpé, dont vous aurez conservé une partie pour garnir le plat. Ajoutez les coquillettes à la préparation du poêlon et mélangez.

4

Versez le tout dans un plat à gratin et parsemez du reste de comté râpé.

5

Enfournez et faites gratiner environ 10 minutes à 180°C. Surveillez la coloration et retirez-le lorsqu'il est bien doré.

LASAGNES VÉGÉTARIENNES

4 p

Faible

Facile

35 min

25 min

INGRÉDIENTS

16 feuilles de lasagnes
2 courgettes
2 aubergines
4 oignons
2 grosses boîtes de tomates pelées (800 g)
200 g de parmesan râpé
2 gousses d'ail
2 bouquets de basilic
Huile d'olive
Sel, poivre du moulin

1

Préchauffez le four à 180 °C.
Lavez les courgettes et les aubergines, et tranchez-les en lamelles ou en rondelles.

2

Disposez-les sur les grilles du four, arrosez-les d'huile d'olive, salez et poivrez. Laissez-les cuire 10 minutes.

3

Chauffez 2 cuillères à soupe d'huile d'olive dans une cocotte et faites revenir l'oignon et l'ail.

4

Ajoutez les tomates, laissez chauffer 5 minutes.
Salez, poivrez et mélangez le contenu de la cocotte.
Laissez mijoter 15 minutes environ.

5

Dans un plat à gratin, déposez une couche de sauce tomate de la cocotte et recouvrez de feuilles de lasagnes. Ajoutez une couche de légumes du four et saupoudrez de parmesan. Recouvrez d'une couche de feuilles de lasagnes et répétez l'opération sauce tomate, légumes et parmesan jusqu'à épuisement des ingrédients.

6

Terminez par une couche de feuilles de lasagnes, un peu de sauce tomate et de parmesan.

7

Enfournez pour 25 minutes.

4 p
Moyen
Difficile
40 min
2 h 20

BLANQUETTE DE VEAU À L'ANCIENNE

INGRÉDIENTS

1 kg de veau
(demandez à votre boucher de couper le veau pour une blanquette)
500 g de carottes
250 g de champignons de Paris bruns
2 branches de céleri
1 poireau
1 gros oignon blanc
1 échalote
1 gousse d'ail
1 bouquet garni
(laurier, thym, romarin)
100 ml de crème épaisse
1 jaune d'œuf
100 g de beurre
100 g de farine
Sel, poivre du moulin

1

Pelez les carottes, l'ail et l'oignon. Coupez l'échalote en deux et hachez l'ail. Tranchez les carottes, le céleri et le blanc du poireau en rondelles. Nettoyez et émincez grossièrement les champignons.

2

Dans une cocotte, versez 2 litres d'eau, puis plongez-y les morceaux de viande et portez à ébullition pendant 1 à 2 minutes maximum pour les blanchir. Videz le contenu de la cocotte dans une passoire et jetez l'eau de cuisson. Passez la viande sous l'eau froide. Égouttez-la, puis remettez-la dans la cocotte.

3

Ajoutez l'oignon, l'ail, le poireau, le céleri, les carottes et le bouquet garni. Salez et poivrez. Mouillez avec de l'eau de façon à immerger la viande et les légumes. Couvrez, portez à ébullition, puis baissez le feu et laissez mijoter environ 1 h 30 à petits frémissements. Dans une poêle, faites revenir les champignons avec du beurre.

4

Préparez un roux blond : dans une casserole, faites fondre le beurre, ajoutez la farine et mélangez vivement au fouet jusqu'à ce que le beurre ait été entièrement absorbé et que le tout brunisse légèrement. Réservez.

5

Au terme de 1 h 30, la viande est cuite. Versez le contenu de la cocotte dans un saladier. Filtrez le bouillon à travers une fine passoire. Rallumez le feu sous la casserole contenant le roux, versez dessus le bouillon en plusieurs fois et fouettez en permanence pour le délayer. Faites épaissir la sauce et portez-la à ébullition.

6

Pour terminer, remettez la viande et les légumes (sans le bouquet garni) dans la cocotte, ajoutez les champignons poêlés, mélangez le tout à la sauce et réchauffez 10 à 15 minutes.
Juste avant de servir, mélangez la crème et le jaune d'œuf, puis incorporez-les à la préparation, en mélangeant sans arrêt pour ne pas laisser bouillir. Servez à l'assiette.

SOLE MEUNIÈRE

4 p
Élevé
Moyen
10 min
10 min

INGRÉDIENTS

2 belles soles
de minimum 800 g
200 g de beurre fermier
Le jus de 4 citrons
1 bouquet de persil plat
haché
2 cuillères à soupe
de farine
4 cuillères à soupe
d'huile d'olive
Sel, poivre du moulin

1

Demandez à votre poissonnier de préparer vos soles.

2

Dans une poêle chaude, versez 4 cuillères à soupe d'huile et une belle noix de beurre.

3

Saupoudrez de farine vos soles et déposez-les dans la poêle. Salez et poivrez. Faites-les cuire à feu vif 4 minutes de chaque côté. Réservez-les.

4

Jetez cette première graisse de cuisson, déglacez la poêle avec le jus des citrons et montez le glaçage au beurre.
À savoir, quand le contenu de la poêle est à 80-90 °C, incorporez hors du feu des petits morceaux de beurre froid. Faites-les fondre en tournant la poêle d'un mouvement circulaire.

5

Ajoutez le persil. Salez et poivrez.

6

Nappez les soles de ce déglaçage avant de les servir.

4 p

Faible

Moyen

20 min (la veille)

7 min

MOUSSE AU CHOCOLAT MILLÉSIME

INGRÉDIENTS

350 g de crème fraîche à 30 % de MG minimum
500 g de chocolat noir (de préférence Millésime)
650 g de crème fouettée
200 g de jaunes d'œufs
100 g d'eau
100 g de sucre

1

Faites fondre le chocolat au bain-marie. Ajoutez la crème pour refroidir la masse.

2

Dans une sauteuse, mettez l'eau et le sucre. Réalisez un sirop à 121 °C.

3

Versez le sirop chaud sur les jaunes tout en fouettant très rapidement au batteur électrique.

4

Quand le mélange a doublé de volume, ajoutez le mélange chocolat-crème. Fouettez à nouveau.

5

Ajoutez délicatement la crème fouettée à la préparation.

6

Versez dans un bol de service ou de présentation que vous placez au frais durant au moins une nuit.

La recette doit être préparée la veille.

En bon chef belge digne de ce nom, je mets un point d'honneur à travailler avec des produits locaux de qualité, voire d'exception. Et il y en a un en particulier que je ne pouvais pas passer sous silence : le chocolat de la manufacture liégeoise Millésime Chocolat. Une maison primée à l'international à de multiples reprises et qui compte parmi les meilleurs chocolatiers du monde ! Seule manufacture de chocolat implantée à Liège, Millésime Chocolat développe des produits de terroir travaillés directement à partir de fèves de cacao suivant le processus du *Bean-to-Bar*. À l'image du vin, ils fabriquent du chocolat avec des fèves de cacao issues de plantations et de terroirs d'exception sans mélanger ni les années de récolte, ni les terroirs, ni la zone géographique. En somme, c'est la maîtrise complète du processus de transformation des fèves de cacao brutes, depuis la torréfaction jusqu'à la confection des produits finis… C'est le retour de l'authentique fabrication artisanale de A à Z ! Et ça, j'adore.
Dans leur démarche, ils souhaitent mettre en valeur le travail de la nature, dont les saveurs changent d'année en année, tout en conservant les caractéristiques générales de chaque région ou de chaque pays. Les tablettes peuvent donc être différentes d'une année à l'autre, sous l'influence du climat et de l'année de récolte. Chaque tablette est unique ! Et c'est quelque chose qui résonne beaucoup avec mon approche de la cuisine.

Si je suis tout particulièrement sensible à cette maison, en plus de ses chocolats d'exception, c'est pour le parcours atypique de son fondateur, Jean-Christophe Hubert. D'abord historien d'art, conservateur de la collection Picasso de la ville de Bruges, puis commissaire d'une exposition itinérante consacrée à Léonard de Vinci, le voilà aujourd'hui en maître du chocolat… Difficile de ne pas trouver de la connivence avec ce grand artisan quand on connaît le caractère peu banal de mon propre parcours.

CRÊPES SUZETTE

4p

Moyen

Moyen

35 min

10 min

Repos quelques heures

INGRÉDIENTS

Pour les crêpes :

1 l de lait entier
1 bière brune de 33 cl
500 g de farine tamisée
100 g de sucre fin
100 g de beurre noisette + un peu pour la cuisson des crêpes
8 œufs
2 gousses de vanille fendues et grattées
Quelques gouttes d'huile
1 pincée de sel

Pour le sirop :

100 g de sucre
4 oranges
50 g de beurre
10 cl de Grand Marnier
4 cuillères à soupe d'eau

POUR LES CRÊPES

1

Dans un saladier, faites un puits avec la farine, le sucre, le sel.

2

Ajoutez le lait et fouettez énergiquement. Puis la bière, la vanille, le beurre noisette, et enfin les œufs.

3

Laissez reposer la pâte au frais quelques heures, couverte, mais pas au réfrigérateur.

4

Faites cuire les crêpes dans un beurre moussant avec quelques gouttes d'huile.

POUR LE SIROP

1

Réalisez un caramel avec l'eau et le sucre. Extrayez le jus et prélevez le zeste des oranges.

2

Au caramel, ajoutez le jus et les zestes des oranges, puis le Grand Marnier.

3

Montez ensuite au beurre. À savoir, portez le mélange à 80-90 °C et, en dehors du feu, incorporez de petits morceaux de beurre froid.

4

Faites fondre le beurre d'un mouvement circulaire de la casserole.

5

Servez en accompagnement des crêpes.

4 p
Moyen
Facile
25 min
1 h

FLAN AU CARAMEL DE MON ENFANCE

INGRÉDIENTS

300 ml de lait entier
200 ml de crème à 40 % de MG
4 œufs
100 g de sucre fin
2 gousses de vanille fendues dans le sens de la longueur

Pour le caramel :

100 g de sucre
4 cuillères à soupe d'eau

1

Battez les œufs et le sucre. Ajoutez le lait. Grattez les gousses de vanille et faites tomber les grains dans la préparation lactée. Remuez.

2

Versez le mélange dans des ramequins.
Mettez les ramequins dans un plat à four et un bain-marie.

3

Faites cuire environ 1 heure dans un four à 100°C.

4

Faites chauffer le sucre et l'eau pour réaliser un caramel.

5

Nappez-en les flans.

IMPRESSIONNER LA GALERIE

3

Le partage, c'est aussi le plaisir de recevoir. Et après les recettes des dîners en famille, quoi de mieux que des apéros sympas et de jolis plats pour impressionner ses proches ? Avec ces recettes, prépare-toi à en mettre plein les mirettes à tes invités, c'est parti !

Un pétillement sur la langue,
Comme un baiser au coin des lèvres,
Berce, berce les souvenirs,
Dans un vibrant mélange.

SALADE GRECQUE

4 p
Moyen
Facile
20 min
Marinade 1 h

INGRÉDIENTS

2 poivrons
1 concombre
1 oignon rouge
10 belles tomates cerises
200 g de feta
100 g d'olives noires de Kalamata
1 botte de coriandre
Huile d'olive
Vinaigre de grenade
Fleur de sel, poivre du moulin

1

Nettoyez et épluchez le concombre. Coupez-le en brunoise large.

2

Lavez et taillez les poivrons en fines lamelles.

3

Lavez et coupez les tomates cerises en deux.

4

Épluchez et émincez l'oignon rouge.

5

Rassemblez tous les légumes dans un saladier. Salez et poivrez.

6

Versez 4 cuillères à soupe d'huile d'olive et 2 cuillères à soupe de vinaigre de Grenade. Mélangez le tout et laissez mariner au moins 1 heure.

7

Coupez la feta en dés que vous ajoutez à la salade, ainsi que les olives.

8

Ciselez grossièrement la coriandre et parsemez-en la préparation.

Cette salade est meilleure après avoir mariné…
Si vous la laissez mariner une nuit entière, vous frôlerez l'excellence !

CLUB SANDWICH DE PALACE

4 p
Moyen
Facile
30 min
25 min

INGRÉDIENTS

4 filets de poulet moyen
3 tranches de comté
12 tranches de pain de mie
4 tomates
12 tomates confites
1 gros oignon rouge
4 œufs
2 cœurs de laitue ou de raddichio
Mayonnaise à la moutarde
20 ml d'huile d'olive
Fleur de sel, poivre du moulin

1

Préchauffez le gril du four.
Salez et poivrez les filets de poulet et faites-les colorer dans une poêle chaude pendant 4 à 5 minutes.
Puis coupez-les en fines tranches.

2

Faites durcir les œufs 9 minutes après le début de l'ébullition.
Écalez-les et coupez-les en tranches.

3

Coupez les tomates fraîches et l'oignon en deux, puis en fines lamelles. Taillez également les feuilles de salade en fines lamelles.

4

Toastez les tranches de pain de mie sur une seule face, sous le gril du four.

5

Mélangez la chiffonnade de laitue et la mayonnaise.

6

Montage du club sandwich : disposez les tomates fraîches, les oignons, les tomates confites puis les œufs sur une première tranche de pain de mie. Posez une seconde tranche de pain de mie et placez dessus le comté, les tranches de poulet et la chiffonnade.

7

Recouvrez d'une troisième et dernière tranche de pain de mie sans garniture.

8

Faites tenir l'ensemble à l'aide de piques en bois.

4 p

Élevé

Facile

20 min

40 min

CROQUE-MONSIEUR À LA TRUFFE

INGRÉDIENTS

8 tranches de pain de mie blanc ou complet
8 tranches de jambon à l'os
16 tranches de comté
20 g de beurre + de quoi beurrer le pain
20 g de farine
1 cuillère à soupe de tartufata
200 ml de lait entier
50 g de comté râpé
Huile de tournesol
Sel, poivre du moulin

Vous pouvez aussi les gratiner au four, en ajoutant le reste de béchamel et de comté.

POUR LA BÉCHAMEL À LA TRUFFE

1

Dans une sauteuse, faites fondre 20 g de beurre et ajoutez la même quantité de farine.

2

Versez le lait froid et fouettez énergiquement. Laissez cuire jusqu'à épaississement. Salez et poivrez.

3

Ajoutez la tartufata et le comté râpé. Réservez.

POUR LES CROQUES

1

Beurrez les tranches de pain sur les deux côtés. Tartinez 4 tranches de pain de 1 cuillère à soupe de béchamel.

2

Ajoutez 1 tranche de comté, 1 tranche de jambon, 1 autre tranche de comté et terminez par 1 cuillère de sauce béchamel.

3

Refermez les croques avec les 4 tranches de pain restantes.

4

Dans une poêle, faites fondre du beurre, à chaleur moyenne, et déposez-y vos croques.

5

Faites-les cuire jusqu'à ce qu'ils prennent une coloration blonde.

BAD

4p

Moyen

Facile

15 min

AMÉRICAIN DE BRUXELLES

INGRÉDIENTS

1 kg de viande de bœuf hachée
2 jaunes d'œufs
50 g de câpres hachés
50 g de cornichons hachés
20 g de ciboulette hachée
20 g de persil haché
1 échalote hachée
8 cornichons aigres-doux
12 oignons au vinaigre à l'ancienne
1 cuillère à soupe de moutarde fine
Huile neutre
Quelques gouttes de sauce anglaise
Quelques gouttes de Tabasco
Sel, poivre du moulin

1

Dans un saladier, mettez les jaunes d'œufs et la moutarde. Mélangez à l'aide de deux fourchettes.

2

Montez à l'huile. Le mélange doit être souple.

3

Ajoutez la viande. Salez et poivrez.

4

Intégrez le Tabasco, la sauce anglaise, les cornichons hachés et les câpres, puis les herbes et l'échalote. Rectifiez l'assaisonnement.

Pour une présentation gastronomique, formez une quenelle décorée de fleurs de wasabi.

Pour une présentation classique, servez avec des frites, de la mayonnaise, les cornichons aigres-doux et les oignons au vinaigre.

MA BÉARNAISE

4 p

Moyen

Difficile

15 min

10 min

INGRÉDIENTS

4 jaunes d'œufs
8 cuillères à soupe de verjus
400 g de beurre fondu
3 branches d'estragon
1 échalote
½ botte de ciboulette
Sel, poivre du moulin

1

Dans une sauteuse, placez les jaunes d'œufs et le verjus, fouettez énergiquement quelques secondes.

2

Placez la sauteuse sur feu doux, et continuez de fouetter jusqu'à l'apparition de traces de fouet dans le mélange.

3

Versez le beurre fondu en fin filet tout en fouettant.

4

Hachez l'estragon et la ciboulette, ainsi que l'échalote. Ajoutez-les dans la préparation.

La sauce béarnaise peut aussi bien accompagner du bœuf que du poisson ou de la volaille, et on peut la déguster chaude ou tiède.

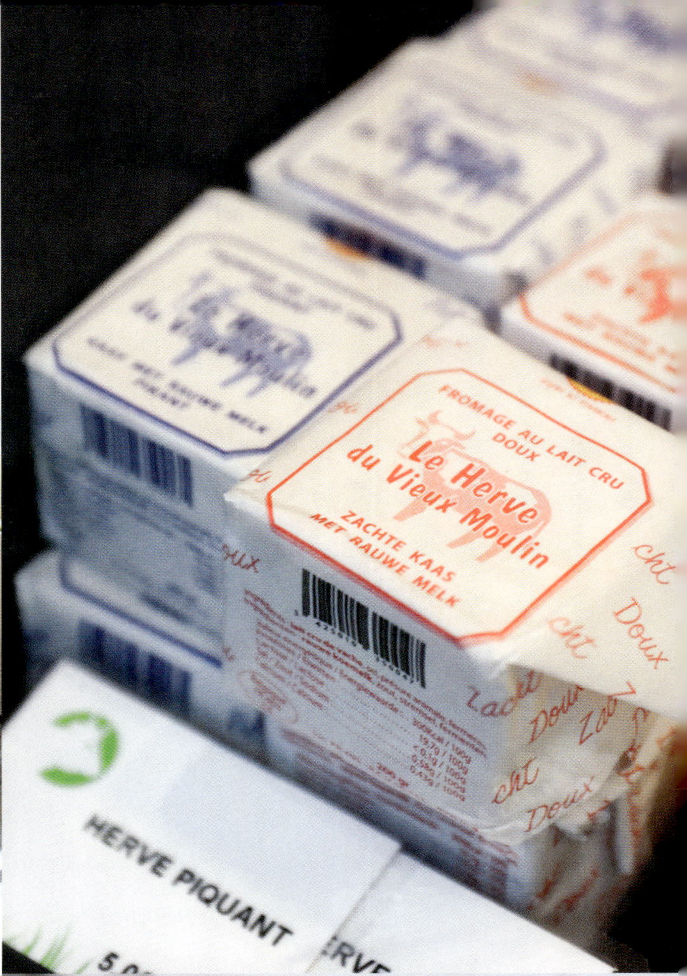
FROMAGE AU LAIT CRU
DOUX
Le Herve
du Vieux Moulin
ZACHTE KAAS
MET RAUWE MELK
Doux
HERVE PIQUANT

CROQUETTES DE HERVE ET CHUTNEY D'ANANAS

4 p
Moyen
Difficile
30 min
30 min
30 min

INGRÉDIENTS

500 ml de lait entier
250 g de fromage de Herve
100 g de farine
100 g de beurre
3 jaunes d'œufs
50 ml de crème
Sel, poivre du moulin

Pour la panure à l'anglaise :

3 blancs d'œufs
1 cuillère à soupe d'huile d'olive
10 cl d'eau
Un peu de farine et de chapelure

Pour le chutney :

1 ananas
1 poivron rouge
1 oignon rouge
1 piment thaï
10 cl de vinaigre à sushi

Servez les boulettes bien chaudes, accompagnées de ce délicieux chutney.

1

Dans une casserole à fond épais, faites un roux en faisant fondre le beurre, puis ajoutez la farine par petites quantités et mélangez soigneusement. Laissez cuire quelques minutes.

2

Ajoutez le lait et mélangez pour obtenir une béchamel épaisse. À la spatule, ajoutez le fromage de Herve et mélangez. Hors du feu, ajoutez à la béchamel les jaunes d'œufs et la crème.

3

Versez cette préparation dans un plat carré huilé sur 2 cm de hauteur et réfrigérez.

4

Préparez votre panure à l'anglaise en mélangeant les blancs d'œufs avec l'eau et l'huile d'olive. Salez et poivrez.

5

Prélevez des boulettes dans la préparation qui attendait au réfrigérateur. Roulez-les dans la farine, puis dans la préparation au blanc d'œuf, et enfin dans la chapelure.

6

Faites-les cuire dans la friteuse à 180 °C, durant 6 minutes environ.

POUR LE CHUTNEY

1

Épluchez l'ananas, lavez le poivron, puis taillez-les en brunoise. Hachez l'oignon rouge finement. Coupez le piment en deux dans le sens de la longueur.

2

Dans une sauteuse, rassemblez l'ananas et le poivron en brunoise, l'oignon haché et le piment. Ajoutez le vinaigre à sushi et laissez cuire jusqu'à obtenir une texture compotée.

BEIGNETS DE CREVETTES, SAUCE TARTARE

4 p
Moyen
Moyen
15 min
4 min

INGRÉDIENTS

Pour les beignets :

20 scampis 16/20
2 jaunes d'œufs
2 blancs d'œufs en neige pas trop ferme
150 g de farine
½ cuillère à café de sel
2 cuillères à soupe de bière brune Leffe
2 cuillères à soupe d'huile

Pour la sauce tartare :

100 g de mayonnaise
50 g de cornichons hachés
½ échalote hachée
3 brins de ciboulette ciselés
1 branche d'estragon ciselé
Sel, poivre du moulin

1

Fouettez les jaunes d'œufs avec la bière et l'huile.

2

Ajoutez la farine et le sel que vous intégrez en fouettant vigoureusement.

3

Battez les blancs d'œufs en neige.
Ajoutez-en 2 cuillères à soupe dans la pâte, en fouettant.
Puis le reste en mélangeant délicatement à la spatule.

4

Trempez les scampis dans cette pâte puis plongez-les directement dans une friteuse à 170 °C.

POUR LA SAUCE TARTARE

Mélangez l'ensemble des ingrédients dans un bol.

SAUMON MARINÉ À LA THAÏ

4 p
Moyen
Moyen
20 min
5 min
Marinade 1 h

INGRÉDIENTS

4 pavés de saumon « Label Rouge » avec la peau
200 ml de sauce soja
100 ml de nuoc-mâm
Le jus de 4 citrons verts
1 cuillère à soupe de sucre de coco
2 gousses d'ail
2 piments rouges thaïs
1 botte de coriandre
1 oignon rouge
Poudre de riz
Citron

MATÉRIEL

Chalumeau

1

Mélangez le sucre, le jus des citrons, les piments hachés, le nuoc-mâm, la sauce soja.

2

Ajoutez les queues de coriandre, l'ail haché, et l'oignon rouge émincé.

3

Faites mariner les pavés de saumon 1 heure dans la marinade.

4

Égouttez les pavés et faites-les cuire au chalumeau.

5

Filtrez la marinade et réservez-la.

6

Tranchez chaque pavé de saumon en quatre morceaux.

Servez avec de la poudre de riz, du citron, de la coriandre ciselée et la marinade.

Astuce : vous pouvez faire votre propre poudre de riz, il suffit de toaster et piler votre riz.

POIREAUX AUX CREVETTES, SAUCE HOLLANDAISE

4 p
Élevé
Moyen
20 min
20 min

INGRÉDIENTS

2 poireaux
500 g de crevettes grises décortiquées
250 g de beurre fondu
3 jaunes d'œufs
1 cuillère à café de jus de citron
5 cl d'eau
Huile d'olive
Fleur de sel, poivre du moulin

POUR LA SAUCE HOLLANDAISE

1

Versez les jaunes d'œufs dans une casserole. Ajoutez l'eau et le jus de citron, et fouettez énergiquement. Le mélange doit être légèrement mousseux et homogène.

2

Portez le sabayon à feu doux sans cesser de fouetter. Continuez à fouetter jusqu'à ce que le sabayon cuise et devienne crémeux.

3

Incorporez petit à petit le beurre fondu. Lorsque le beurre est totalement incorporé, salez et poivrez à votre convenance.

POUR LES POIREAUX

1

Nettoyez les poireaux et vérifiez qu'il ne reste ni terre ni sable.

2

Coupez-les en tronçons de plus ou moins 10 centimètres de long.

3

Faites-les cuire à la vapeur 5 minutes. Ils doivent être encore fermes.

4

Déposez-les sur un plat et lustrez-les avec un peu d'huile. Salez et poivrez.

Servez les poireaux et crevettes ensemble et froids, nappés de sauce hollandaise.

CREVETTES FLAMBÉES AU PASTIS ARDENT

4 p
Élevé
Facile
5 min
7 min

INGRÉDIENTS

12 gambas (très grosses)
200 ml de pastis Ardent
Le jus de 2 citrons verts
Huile d'olive
Piment d'Espelette
Sel, poivre du moulin

1
Coupez les gambas en deux dans la longueur sans enlever la carapace.

2
Dans une poêle et dans un filet d'huile d'olive, faites sauter les gambas côté carapace.

3
Assaisonnez de sel, de poivre et de piment d'Espelette.

4
Versez le pastis et flambez les crevettes.

5
Arrosez-les de jus de citron avant de les servir.

le pastis des belges
Pastis Ardent®
ORGANIC SPIRIT
45
cl
50

RAIE AUX CÂPRES

4 p

Moyen

Moyen

10 min

10 min

INGRÉDIENTS

2 ailes de raie
de minimum 800 g
200 g de beurre fermier
Le jus de 4 citrons
1 bouquet de persil
plat ciselé
200 g de câpres
au vinaigre
2 cuillères à soupe
de farine
4 cuillères à soupe
d'huile de tournesol
Sel, poivre du moulin

1

Demandez à votre poissonnier de préparer vos ailes de raie.

2

Dans une poêle chaude, versez 4 cuillères à soupe d'huile d'olive et une belle noix de beurre.

3

Saupoudrez de farine vos ailes de raie et déposez-les dans la poêle. Salez et poivrez. Faites-les cuire environ 6 minutes de chaque côté à feu vif. Réservez-les.

4

Jetez cette première graisse de cuisson, déglacez la poêle avec le jus des citrons et montez-le au beurre. À savoir, quand le contenu de la poêle est à 80-90 °C, incorporez hors du feu des petits morceaux de beurre froid. Faites-les fondre en tournant la poêle d'un mouvement circulaire.

5

Ajoutez le persil ciselé et les câpres. Salez et poivrez.

6

Nappez vos ailes de raie de ce déglaçage avant de les servir.

CROÛTE AU CHOCOLAT

4 p
Faible
Facile
15 min
30 min

INGRÉDIENTS

8 œufs
400 g de chocolat noir
200 g de sucre muscovado
400 g de beurre
160 g de farine
Sucre glace
Cacao amer

1

Préchauffez le four à 200 °C.
Faites fondre le chocolat et le beurre au bain-marie.

2

Dans un saladier, mélangez le muscovado, les œufs et la farine.

3

Ajoutez le mélange chocolat-beurre et mélangez à la spatule.

4

Versez dans un moule beurré et fariné.

5

Enfournez pour 25 minutes.

6

À la sortie du four, saupoudrez de cacao et de sucre glace.

TRUFFES AU CHOCOLAT ET À LA LAVANDE

4 p
Moyen
Facile
15 min
40 min
2 h

INGRÉDIENTS

490 g de chocolat noir
230 g de crème fraîche à 40 % de MG
70 g de beurre
Lavande en graines
Poudre de cacao

1

Jetez les graines de lavande dans la crème que vous portez à ébullition. Coupez ensuite le feu et couvrez. Laissez infuser 20 minutes. Filtrez pour retirer la lavande.

2

Faites fondre le chocolat noir dans la crème parfumée à la lavande, à feu doux, en mélangeant à l'aide d'un fouet.

3

Une fois qu'il est fondu, coupez le feu et ajoutez le beurre coupé en petits morceaux. Versez le mélange dans un moule à demi-sphères, puis laissez prendre au réfrigérateur au moins 2 heures.

4

Formez des truffes en assemblant 2 demi-sphères, et roulez-les rapidement entre vos mains puis passez-les dans le cacao.

ENVIES DE VOYAGE

4

La cuisine raconte une histoire… Jusqu'ici j'ai surtout partagé la mienne, et peut-être qu'elle a trouvé un écho dans la tienne. Mais c'est aussi une invitation au voyage, et avec ces recettes je t'emmène tout droit dans le jardin de l'Europe… Chausse tes bottes de sept lieues, on part pour l'Italie !

La poésie fait recette,
Quand elle est faite avec le cœur,
Comme un petit bisou,
Plein de saveurs.

SOUPE DE PARMESAN

4 p
Moyen
Moyen
30 min
50 min

INGRÉDIENTS

1 morceau de 400 g de parmesan
200 ml de bouillon de volaille
200 ml de crème à 40 % de MG
200 ml de lait entier
80 g de copeaux de parmesan
1 gros oignon blanc
Vinaigre balsamique de 12 ans d'âge
2 tranches de pain rassis
1 botte de ciboulette
Quelques noisettes du Piémont
Huile neutre
Sel, poivre du moulin

1

Dans une cocotte, versez un filet d'huile neutre et jetez-y l'oignon que vous aurez préalablement émincé. Faites-le suer.

2

Coupez le parmesan en gros morceaux. Déposez la moitié du parmesan dans la cocotte et laissez-le fondre. Ajoutez le bouillon, la crème et le lait. Salez et poivrez. Faites cuire 30 minutes sans laisser bouillir.

3

Mixez cette crème une première fois, puis ajoutez le parmesan restant. Mixez à nouveau. Hachez finement la ciboulette. Concassez les noisettes.

4

Réalisez des croûtons avec le pain rassis, croûte comprise.

5

Servez la soupe avec la ciboulette, les croûtons, les noisettes, un filet d'huile d'olive et du vinaigre balsamique.

6

Parsemez les assiettes de copeaux de parmesan avant de servir.

4p

Moyen

Facile

25 min

1 h 20

MALFADINE AU RAGÙ DE VEAU

INGRÉDIENTS

500 g de Malfadine
500 g de viande de veau haché
2 carottes
1 branche de céleri
1 oignon blanc
1 bouquet garni (laurier, romarin, origan)
1 gousse d'ail
300 ml de lait entier
500 ml de fond de volaille
500 g de tomates cerises datterino
Pâtes
Huile d'olive
Sel, poivre du moulin

1

Épluchez les carottes, l'oignon, détaillez la branche de céleri. Taillez le tout en fine brunoise.

2

Dans une casserole, versez un filet d'huile d'olive et ajoutez la brunoise de légumes. Salez et couvrez pour faire suer l'ensemble.

3

Ajoutez la viande et couvrez à nouveau. Quand la viande se détache bien, ajoutez le lait. Laissez réduire de moitié. Puis ajoutez le vin blanc et laissez encore réduire.

4

Ajoutez le fond de volaille, les herbes aromatiques et l'ail. Poivrez à votre convenance. Ajoutez les tomates cerises et laissez cuire 1 heure à feu vif.

5

Mettez à bouillir une casserole d'eau pour les pâtes. Salez à l'ébullition. Faites cuire les pâtes al dente, soit la moitié du temps indiqué sur le paquet seulement.

6

Terminez la cuisson des pâtes dans une poêle avec la sauce et un filet d'huile d'olive.

Pour la cuisson des pâtes, toujours respecter le principe, 1000/100/10, c'est-à-dire, 1 litre d'eau, pour 100 g de pâtes et 10 g de sel.

RAVIOLI À L'OSSO BUCCO ET AUX AGRUMES

4 p

Moyen

Difficile

50 min

5 h

INGRÉDIENTS

2 jarrets de veau
4 carottes
2 branches de céleri vert
1 boîte de tomates pelées (400 g)
400 ml de bouillon de volaille
300 g de semoule de blé dur
200 g de farine 00
5 jaunes d'œufs
3 oranges
3 citrons
1 botte de persil plat
4 gousses d'ail
2 oignons blancs
2 gousses d'ail
200 ml d'huile d'olive
1 bouquet garni (romarin, thym, laurier)
Origan frais
Sel, poivre du moulin

Suite de la recette page suivante

POUR L'OSSO BUCCO

1

Farinez les jarrets et saisissez-les dans une poêle chaude avec un fond d'huile neutre. Réservez.

2

Épluchez les carottes, les branches de céleri et les oignons. Coupez-les en fine brunoise.

3

Dans une casserole, versez de l'huile neutre, ajoutez la brunoise de légumes que vous faites suer. Puis ajoutez le vin blanc que vous faites réduire de moitié, et enfin les jarrets, les tomates pelées et le bouillon de volaille. En tout dernier, ajoutez le bouquet garni et les 2 gousses d'ail. Faites cuire 3 heures à feu doux.

4

Retirez les jarrets et effilochez la viande. Conservez la moelle des os. Réduisez la sauce sur feu vif et ajoutez la moelle, puis mixez la sauce.

5

Mixez la viande pour obtenir une farce fine et mouillez avec la sauce réduite pour obtenir une consistance épaisse. Salez et poivrez pour rectifier l'assaisonnement.

POUR LA PÂTE À RAVIOLIS

1

Placez la farine et la semoule en puits sur un plan de travail. Versez les jaunes d'œufs au centre du puits et travaillez délicatement le tout du bout des doigts afin d'obtenir une pâte homogène.

2

Roulez la pâte en boule, enveloppez-la dans du film alimentaire et placez la boule au réfrigérateur quelques heures.

3

Roulez alors la pâte à l'aide d'un laminoire, de 8 à 1, en repassant la même bande plusieurs fois. Couchez les bandes de pâte sur le plan de travail fariné.

4 p

Moyen

Difficile

50 min

5 h

RAVIOLI À L'OSSO BUCCO, ET AUX AGRUMES *SUITE DE LA RECETTE*

POUR LES RAVIOLIS

1

À l'aide d'une poche, placez des petits tas de farce à distance égale sur une bande de pâte.

2

Mouillez la pâte à l'aide d'un pinceau, et recouvrez d'une seconde bande de pâte.

3

Collez délicatement les deux bandes avec vos doigts, en chassant l'air.

4

Coupez les raviolis à l'aide d'un petit emporte-pièce, puis faites-les cuire dans un grand volume d'eau salée pendant environ 2 minutes.

POUR LA SAUCE

1

Dans un poêlon, versez les 200 ml d'huile d'olive.

2

Prélevez les zestes des agrumes. Hachez l'ail et le persil.

3

Mettez les zestes et le hachis dans l'huile et montez la température sur le feu très doucement pour ne pas altérer les goûts.

4

Versez cette huile sur les raviolis au moment de servir et parsemez d'origan frais.

POLPETTES DE VEAU, COULIS DE TOMATES ET BASILIC

4 p
Élevé
Facile
15 min
1 h

INGRÉDIENTS

Pour les polpettes :

50 g de chapelure
60 ml de lait
800 g de veau haché
1 petite gousse d'ail hachée
2 œufs entiers
Quelques feuilles de persil hachées
100 g de parmesan râpé
1 branche de thym frais
Sel, poivre du moulin

Pour la sauce :

800 g de tomates italiennes broyées, de style passata
100 ml d'eau
6 feuilles de basilic, déchirées à la main
1 oignon émincé
1 gousse d'ail
Huile d'olive
Sel, poivre du moulin

POUR LA SAUCE

1

Dans un saladier, mélangez tous les ingrédients.

2

Formez des boulettes d'environ 30 g chacune.

3

Faites chauffer un filet d'huile d'olive dans une poêle, sur feu moyen/vif et faites colorer les polpettes en les faisant régulièrement rouler dans la poêle.

POUR LA SAUCE

1

Dans une casserole, faites suer l'oignon émincé avec un filet d'huile.

2

Ajoutez les tomates, l'eau, l'ail et le basilic, salez et poivrez.

3

Plongez-y les polpettes et faites-les cuire 1 heure à feu doux.

VITELLO TONATO

4 p

Élevé

Facile

10 min

45 min

INGRÉDIENTS

Pour la sauce :

200 g de mayonnaise
50 g de câpres au vinaigre
100 g de thon à l'huile
Le jus de 1 citron
Sel, poivre du moulin

Pour le veau :

1 noix de veau de 800 g
Thym, laurier, romarin, sauge
1 gousse d'ail
Huile d'olive
Fleur de sel, poivre du moulin

POUR LA SAUCE AU THON

1

Rassemblez l'ensemble des ingrédients dans le bol d'un mixeur et mixez le tout.

POUR LE VEAU

1

Sur une plaque à four, déposez la pièce de veau, arrosez-la d'huile d'olive. Salez et poivrez. Ajoutez les herbes et l'ail.

2

Enfournez-le et cuisez-le à la sonde : 60 °C à cœur, 160 °C pour le four. Le temps de cuisson dépendra de la température du veau, mais vous pouvez compter environ 45 minutes.

3

Sortez-le et, une fois refroidi, mettez-le au réfrigérateur une nuit (l'idéal) avant de le trancher.

Servez-le froid accompagné de câpres à queue et de tomates cerises confites.

PANNA COTTA À L'ANCIENNE

4 p

Faible

Facile

20 min

1 h 35

INGRÉDIENTS

10 blancs d'œufs
1 œuf entier
2 gousses de vanille fendues et grattées
700 ml de crème à 40 % de MG
300 ml de lait entier
180 g de sucre

1

Dans une petite casserole, versez le lait, la crème et les grains de vanille. Portez à ébullition et laissez infuser 10 minutes.

2

Dans un saladier, versez les blancs d'œufs, l'œuf entier et le sucre. Fouettez énergiquement.

3

Ajoutez la crème et le lait infusé refroidi sur le mélange œuf-sucre.

4

Coulez la préparation dans des ramequins et faites cuire au bain-marie, au four, pendant 1 h 10 à 100 °C.

Nappez les panna cotta d'un coulis de votre choix ou de chocolat fondu.

TIRAMISU À L'AMARETTO

4 p
Moyen
Moyen
15 min
4 h

INGRÉDIENTS

500 g de mascarpone
8 œufs
150 g de sucre muscovado
4 ristretti (cafés serrés)
200 ml d'amaretto
2 paquets de biscuits à la cuillère
Cacao amer en poudre

1

Séparez le blanc des jaunes d'œufs.

2

Dans un saladier, battez vigoureusement le sucre et les jaunes d'œufs. Ajoutez le mascarpone et l'amaretto. Mélangez jusqu'à obtenir un mélange lisse.

3

Montez les blancs en neige et incorporez-les délicatement à la préparation à l'aide d'une spatule.

4

Déposez la moitié des biscuits imbibés de café fort sur un plat.

5

Recouvrez-les d'une couche de crème au mascarpone (environ la moitié de la préparation).

6

Disposez une seconde couche de biscuits imbibés de café et recouvrez d'une dernière couche de crème mascarpone.

7

Placez le tiramisu au réfrigérateur pendant 4 heures minimum (idéalement 24 heures), le temps qu'il prenne bien au froid.

8

Avant de servir, saupoudrez le tiramisu de cacao amer.

DE RETOUR EN BELGIQUE

5

Et puisque finalement on n'est jamais mieux qu'à la maison, je termine ce tour d'horizon avec la Belgique. L'occasion de faire découvrir cette si belle gastronomie à tous mes amis frenchies qui pourraient bien faire de certaines recettes leurs nouvelles recettes fétiches !

Le marché liégeois rit,
Bruyant, multicolore et heureux,
Dans une guindaille joyeuse.

4 p

Moyen

Moyen

20 min

30 min

MON RISOTTO AU CHOU ET AU BLEU BELGE

INGRÉDIENTS

400 ml de bouillon de légumes
500 g de riz à risotto
200 ml de vin blanc
½ chou vert milanais
200 g de fromage bleu belge
50 g de beurre froid
80 g de parmesan râpé
2 échalotes hachées finement
1 gousse d'ail
Huile d'olive
Sel, poivre du moulin

1

Faites chauffer le bouillon.

2

Dans une sauteuse ou une grande casserole, versez un filet d'huile d'olive et faites suer l'échalote quelques instants.

3

Ajoutez le riz et faites-le nacrer, puis ajoutez le chou émincé finement. Salez et poivrez. Faites cuire quelques minutes encore. Déglacez au vin blanc.

4

Ajoutez l'ail écrasé et le bouillon, louche par louche.

5

Laissez cuire environ 17 minutes. NE CESSEZ JAMAIS DE REMUER.

6

Vérifiez la cuisson au fur et à mesure. Le riz ne doit pas être sec, mais encore humide.

7

Au terme de la cuisson, retirez la poêle du feu et ajoutez le beurre froid, puis le bleu, et terminez par le parmesan.

Laissez reposer le risotto quelques minutes avant de le déguster.

CARBONADES DE BŒUF À LA LEFFE

4p
Difficile
Facile
20 min
2 h 30

INGRÉDIENTS

1 kg de viande de bœuf maigre à braiser (viande à carbonade)
3 cuillères à soupe de moutarde en grains
1 grosse tranche de pain de campagne
2 cuillères à soupe de vinaigre de vin rouge
2 bouteilles de 33 cl de Leffe brune
300 ml de fond de veau
3 oignons
Beurre
Sel, poivre du moulin

1

Épluchez et émincez les oignons.
Dans une cocotte, laissez fondre le beurre et faites-y suer les oignons.
Retirez les oignons.

2

Mettez le feu au maximum et faites colorer la viande dans la cocotte.
Remuez régulièrement, la viande doit se colorer de tous les côtés.
Retirez la cocotte du feu, mettez la viande dans un plat en conservant le jus dans la cocotte.

3

Dans un bol, liez ensemble le sirop et le vinaigre.
Diluez ce mélange dans le jus de viande, mettez à feu vif et laissez réduire de moitié.

4

Versez un peu de bière et le fond de veau, et mélangez le tout.
Ajoutez les oignons, la viande et mélangez à nouveau.
Salez, poivrez et couvrez du restant de bière. Nappez la tranche de pain de campagne de moutarde et déposez-la sur les carbonades.

5

Laissez mijoter doucement à couvert 2 heures sans remuer.

Après 2 heures, si la sauce est toujours trop liquide, laissez mijoter encore un peu en laissant le couvercle en partie ouvert, la sauce doit être légèrement collante en surface, mais bien liquide en dessous et ne doit surtout pas brûler au fond.

STOEMPS CAROTTE, SAUCISSE DE CAMPAGNE

4p
Moyen
Moyen
20 min
35 min

INGRÉDIENTS

500 g de carottes
500 g de pommes de terre
1 feuille de laurier
1 petit bouquet de sauge
50 g de beurre froid
4 saucisses de campagne
Fond de volaille

1

Épluchez les pommes de terre et les carottes. Taillez-les en morceaux réguliers, puis lavez-les.

2

Placez-les dans une casserole et mouillez d'eau à hauteur. Salez et poivrez. Ajoutez le laurier et la sauge. Faites cuire à feu moyen et vérifiez la cuisson au bout de 20 minutes.

3

Si les carottes sont encore fermes, poursuivez la cuisson en ajoutant un peu de fond de volaille. Le tout doit ressembler à une purée à la fourchette. Rectifiez l'assaisonnement si besoin.

4

Ajoutez le beurre froid.

5

Faites griller les saucisses dans une poêle.

Servez avec un peu de jus de viande ou de la moutarde.

ROGNONS À LA LIÉGEOISE

4p
Faible
Moyen
20 min
20 min

INGRÉDIENTS

2 rognons de veau
60 g de beurre
Baies de genièvre
2 branches de sauge
2 branches de thym
2 branches de romarin
20 cl de peket (alcool belge)
20 cl de fond de veau
1 cuillère à soupe de moutarde
Sel, poivre du moulin

1

Parez les rognons préparés par votre boucher, coupez-les en deux dans le sens de la longueur, enlevez les nerfs (mais vous pouvez tout aussi bien demander à votre boucher de les préparer).

2

Faites chauffer du beurre dans une poêle et marquez les rognons avec les trois herbes. Salez et poivrez.

3

Écrasez les baies de genièvre, ajoutez-les dans la poêle.

4

Laissez cuire doucement encore 5 minutes.

5

Versez le peket, flambez.

6

Ajoutez le fond de veau, la moutarde et laissez réduire quelques minutes.

WATERZOOÏ DE VOLAILLE À LA TRUFFE

4 p
Élevé
Moyen
30 min
1 h

INGRÉDIENTS

2 coquelets
2 oignons
2 blancs de poireau
3 carottes
2 branches de céleri
400 g de pommes de terre
150 ml de crème fraîche à 30 % de MG minimum
4 jaunes d'œufs
Thym, romarin, laurier
Truffe fraîche ou tartufata
Quelques brins de persil plat haché
Sel, poivre du moulin

1

Préparez le bouillon de cuisson des coquelets. Épluchez et taillez en morceaux réguliers les poireaux, les oignons, les carottes et les branches de céleri.

2

Ajoutez les coquelets aux légumes et couvrez d'eau, puis ajoutez les herbes aromatiques (thym, romarin, laurier).

3

Portez à ébullition, tenez-la 3 minutes et continuez la cuisson à feu très doux, durant 30 minutes.

4

Retirez les coquelets et les légumes. Laissez réduire le bouillon de moitié.

5

Mélangez les jaunes d'oeufs et la crème fraîche. Hors du feu, ajoutez-les au bouillon pour faire la liaison de la sauce. Rectifiez l'assaisonnement.

6

Garnissez un plat de service avec les légumes.

7

Découpez les coquelets et disposez-les dans le plat de service.

8

Nappez de sauce, râpez la truffe et ajoutez le persil haché.

Servez avec les pommes de terre cuites à l'eau.

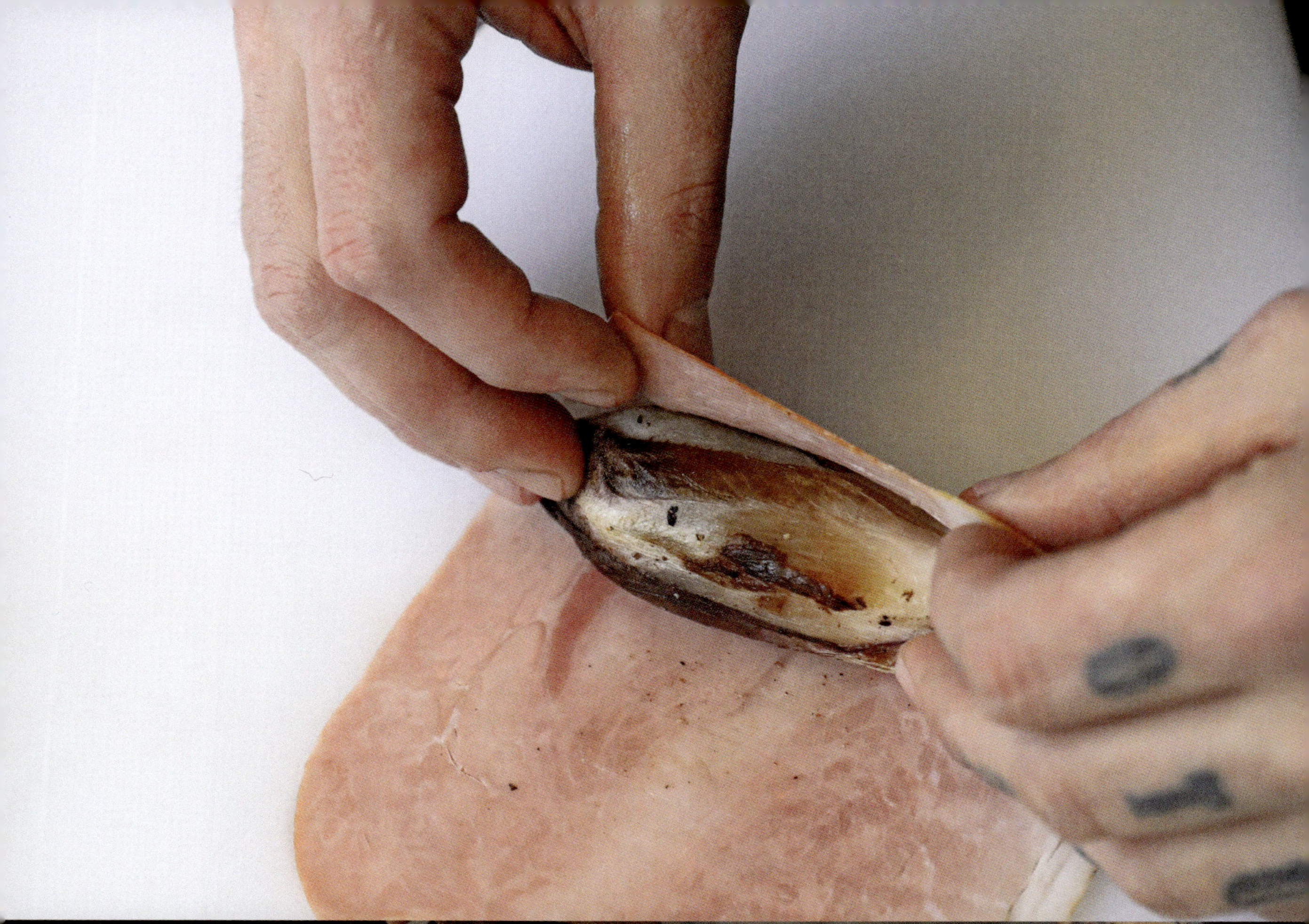

4 p

Faible

Facile

10 min

40 min

CHICONS GRATINÉS, BÉCHAMEL AUX AGRUMES

INGRÉDIENTS

8 raddichio (endives rouges)
8 tranches de jambon à l'os
60 g de beurre
1 l de lait
150 g d'emmental ou de comté râpé
60 g de farine
1 citron
1 orange
1 pincée de noix de muscade
Sel, poivre du moulin

1

Nettoyez les endives et déposez-les sur une plaque de four.

2

Ajoutez une noix de beurre, les jus du citron et de l'orange.

3

Enfournez à 150 °C durant 20 minutes.

4

À la sortie du four, réservez le jus de cuisson des endives et enveloppez chacune d'elles dans une tranche de jambon et placez les rouleaux dans un plat à gratin préalablement beurré.

5

Préparez la béchamel : faites fondre le beurre, versez la farine et mélangez au fouet.

6

Versez peu à peu le lait, puis mélangez jusqu'à épuisement du lait. Salez, poivrez et saupoudrez de noix de muscade.

7

Ajoutez la moitié du fromage et le jus de cuisson des endives. Nappez les endives et couvrez du reste de fromage.

8

Enfournez pour 20 minutes à 180 °C.

4 p
Moyen
Facile
35 min
2 h 25

BOULETS À LA LIÉGEOISE, FRITES À LA GRAISSE DE BŒUF

INGRÉDIENTS

1 kg de hachis de porc
1 kg de pommes de terre
1 oignon finement haché
1 bouquet de persil finement haché
4 tranches de pain de mie imbibées de lait entier
2 œufs
2 bières Leffe brune de 0,33 cl
200 g de sirop de Liège
200 ml de fond de veau ou de volaille
100 g de raisins secs noirs
2 gros oignons blancs
4 feuille de laurier
Un peu de farine
Graisse de bœuf
Noix de muscade râpée
Huile de tournesol
Sel, poivre du moulin

POUR LES BOULETS

1

Dans un saladier, mélangez la viande, le pain imbibé, les œufs, l'oignon, le persil et un peu de noix de muscade râpée. Salez et poivrez.

2

Formez des boulets de 130 g environ et roulez-les dans la farine. Faites revenir les boulets dans une poêle chaude avec un filet d'huile, puis réservez-les.

POUR LA SAUCE

1

Dans une cocotte, versez un filet d'huile et faites revenir les oignons blancs.

2

Ajoutez les raisins. Déglacez avec la bière. Puis ajoutez le sirop et le fond de veau ou de volaille. Salez, poivrez, ajoutez la feuille de laurier.

3

Immergez les boulets dans cette préparation et mettez en cuisson douce durant 2 heures.

POUR LES FRITES

1

Préchauffez la friteuse à 130 °C. Lavez les pommes de terre et coupez-les en grosses frites.

2

Déposez-les sur un linge pour retirer le maximum d'eau résiduelle. NE LES RINCEZ PAS.

3

Plongez les frites au moment de passer à table, jusqu'à une coloration dorée. Première cuisson à 130 °C durant 8 minutes environ. Augmentez la température de la friteuse à 180 °C.

Puisque cuisiner est pour moi une affaire de partage, je ne pouvais pas faire ce livre sans vous parler des recettes de Thierry Marée, mon ami de longue date qui tient cet endroit remarquable à Liège : le Bistrot d'en face.

On y trouve tout ce qui fait la culture liégeoise : un cadre pittoresque et authentique avec la Meuse à deux pas et sa maison ancienne aux grandes poutres en bois et ses nappes à carreaux. Le Bistrot d'en face, c'est aussi une carte pleine de découvertes et de parfums, et surtout une ambiance comme nulle autre pareille avec son charme, sa chaleur et sa convivialité. Pas besoin de vous préciser que c'est un endroit que j'affectionne énormément et qui, j'en suis certain, ne vous laissera pas indifférent.

Vous pourrez y découvrir toutes sortes de plats, de l'œuf cocotte truffé et ses mouillettes de foie gras à la cassolette d'escargots flambés à l'absinthe en passant par les croquettes de crevettes ou encore une belle pièce de bœuf gratinée au fromage de Val-Dieu, une véritable andouillette, mais surtout, le clou du spectacle : un authentique café liégeois élu le meilleur. Et Thierry a justement accepté d'en livrer le secret...

Le Bistrot d'en Face

CHAL
ON FÊT TODI
ON DROLE DI
MESTÎ

4 p

Moyen

Facile

10 min

10 min

10 min

CAFÉ LIÉGEOIS DE MON AMI THIERRY

INGRÉDIENTS

4 cafés forts
20 g de sucre fin
250 ml de crème liquide
10 cl de peket (alcool belge)
5 cl de whisky
1 gousse de vanille

MATÉRIEL

Cruche en verre

1

Placez une cruche en verre au congélateur pour le service.

2

Faites chauffer les cafés, le sucre, la vanille fendue et grattée, le peket et le whisky dans un poêlon. Amenez à légère ébullition et retirez du feu. Faites refroidir le mélange au réfrigérateur.

3

Rassemblez la crème dans la cuve d'un batteur et faites foisonner durant 5 minutes.

4

Ajoutez le mélange à celui au café, et poursuivez le foisonnement durant 3 minutes environ.

5

Versez le tout dans la cruche et servez bien glacé.

VOL-AU-VENT À LA VOLAILLE DE BRESSE

6p
Moyen
Difficile
15 min
5 h 30

INGRÉDIENTS

1 volaille de Bresse d'environ 2 kg
6 vol-au-vent vides
250 g de champignons de Paris
3 carottes
½ l de lait
½ l de crème fraîche à 30 % de MG minium

Pour le bouillon de cuisson :

½ cuillère à café de baies de genévrier
Quelques feuilles de laurier
1 tige de thym
1 belle carotte
1 bel oignon
1 gousse d'ail (facultatif)
Sel fin, poivre du moulin

1

Choisissez une volaille de très bonne qualité.
Pelez la carotte et l'oignon, et coupez-les en rondelles.

2

Jetez dans un faitout les ingrédients du bouillon de cuisson.
Salez à votre convenance, parsemez de quelques grains de poivre, puis, en toute fin, ajoutez votre volaille de Bresse.
Versez de l'eau froide à hauteur.
Laissez cuire à couvert pendant 5 heures 30, puis laissez refroidir le contenu du faitout.

3

Sortez votre poule et effilochez sa viande en morceaux réguliers.
Filtrez le bouillon dans un chinois.

4

Lavez les champignons, coupez-leur les pieds, puis coupez-les en deux. Pelez les carottes, coupez-les en brunoise. Mettez-les à cuire dans une casserole avec un peu de jus filtré pendant 8 à 10 minutes.

5

Dans une autre casserole, mélangez le lait et la crème.
Salez et poivrez, puis laissez réduire. Rectifiez au besoin à l'aide du jus filtré afin que la sauce soit onctueuse.

6

Assemblez dans une seule casserole les morceaux de volaille effilochés, la sauce, les champignons et la brunoise de carottes.
Gardez-les au chaud à feu doux.

7

Mettez à réchauffer les vol-au-vent 3 minutes au four à 175 °C.
Fourrez les vol-au-vent avec le mélange tenu au chaud et servez dans une assiette creuse chaude.

ICI TOUT EST BON
PURE
DUROC
D'OLIVES
BOUCHERIE

NONO

GLOBAL
GLOBAL

REMERCIEMENTS

À toi, maman, l'unique femme de ma vie…
Qui m'accompagne chaque instant et qui continue de me conseiller depuis là-haut.
Rien n'est plus fort que notre amour, j'espère te rendre fière.

À toi, Arnaud, pour ton aide et ton soutien… A2

Merci à Glenn Viel, mon Chef, qui m'a aidé à trouver l'homme que je construis aujourd'hui.

Merci à mes amis, à ceux qui m'ont soutenu dans mes instants de doutes, de joies, de peines, et qui ont cru en moi malgré les années… Je vous aime du plus profond de mon cœur. Sans vous rien n'est possible, mais avec vous tout le devient.

L'éditeur tient à remercier Glenn Viel.
M6 Éditions remercie les équipes de Studio 89 et de M6, plus particulièrement, Caroline Luby, Florence Duhayot, Stéphane Rak, Bertrand Delmas, Romuald Graveleau, Dominique Rivron, Valérie Calazel et Élodie Sérurier Duceau.

ÉDITIONS M6
Grégoire Hueber
Laetitia Therm

ÉDITIONS MICHEL LAFON

DIRECTION GÉNÉRALE
Elsa Lafon

DIRECTION ARTISTIQUE
Émilien Castaing

DIRECTION ÉDITORIALE
Amanda Meiffret
Naomi Sirerols

CORRECTION
Béatrice Argentier
Chantal Nicolas

FABRICATION
Christian Toanen
Nikola Savic

PHOTOGRAPHIES
Agence divinemenciel
Aurore Nguyen
Marie Etchegoyen p. 5

Achevé d'imprimé en Espagne
Dépôt légal : juin 2022
ISBN 13 : 978-2-7499-5130-0
LAF 3278